Claire Laurens . Nancy Peña



*La véritable histoire de*

# Livia, qui vécut les dernières heures de Pompéi

bayard jeunesse

*La véritable histoire de Livia* a été écrite par Claire Laurens
et illustrée par Nancy Peña.
Direction d'ouvrage : Pascale Bouchié.
Maquette : Natacha Kotlarevsky.
Texte des pages documentaires : Claire Laurens.
Illustrations : pages 9, 17, 26, 33, 43 : Nancy Peña ;
pages 6-7 et 20-21 : Benjamin Strickler ; pages 38-39 : Julie Blanchin.
La collection « Les Romans-Doc Histoire »
a été conçue en partenariat avec le magazine *Images Doc*.
Ce mensuel est édité par Bayard Jeunesse.


18 rue Barbès, 92120 Montrouge
ISBN : 979-1036-3043-30
Dépôt légal : avril 2019
Deuxième édition : avril 2019


Loi n°49-956 du 16 juillet 1949 sur les publications destinées à la jeunesse.
Imprimé en France par Pollina s.a., 85400 Luçon - 89063c.

## CHAPiTRE 1

# LE NOUVEL ÉLÈVE

Ce matin d'août, Livia se réveille en sursaut. Elle transpire. Mais ce n'est pas la chaleur qui l'a réveillée. Ce sont les braiements de l'âne Capito.

– Que se passe-t-il ? Il ne brait jamais comme ça !

Inquiète, elle se précipite dans l'arrière-cour de la boulangerie, qui communique avec la maison. Un âne brun y fait tourner l'énorme meule qui sert à moudre la farine, pendant que Proculus, le père de Livia, enfourne les miches dans le four.

Livia embrasse son père et s'approche de l'âne pour lui caresser le museau :

– Eh bien ! Capito, qu'est-ce que tu as ? Tu es malade ?

– Il est nerveux depuis deux jours, dit Proculus. Ce doit être à cause des tremblements de terre. Les animaux les ressentent plus fortement que nous.

À la vue de Livia, un chien noir s'est approché en remuant la queue, une balle en cuir dans la gueule. Elle s'excuse :

– Désolée, Férox, je n'ai pas le temps de jouer. Il faut que j'aille à l'école.

Une fois débarbouillée, Livia enfile une robe légère et passe saluer sa mère au comptoir de la boulangerie. Claudia est en train de servir une cliente :

– Et voilà un pain tout frais. Cela te fera deux as* .

Livia a à peine le temps de planter les dents dans une galette au miel qu'une tignasse rousse surgit au coin de la rue :

– Dépêche-toi, Livia, on va être en retard !

* *Pièces de monnaie en bronze.*

C'est Marcus, son cousin. Sans tarder, les deux enfants descendent la rue de l'Abondance. Mieux vaut marcher sur les trottoirs pour éviter les carrioles chargées de sacs de blé, d'amphores, de fruits et de légumes. Ils traversent la rue en sautant sur les gros plots de pierre qui servent de passage aux piétons.

Dans la boutique qui tient lieu d'école, Séma l'instituteur discute avec un Grec accompagné d'un garçon aux cheveux noirs et frisés. Séma empoche une poignée de pièces d'argent et fait signe au garçon de s'asseoir. Livia chuchote à l'oreille de Marcus :

*suite page 8*

9
10
1
2
3
5
8

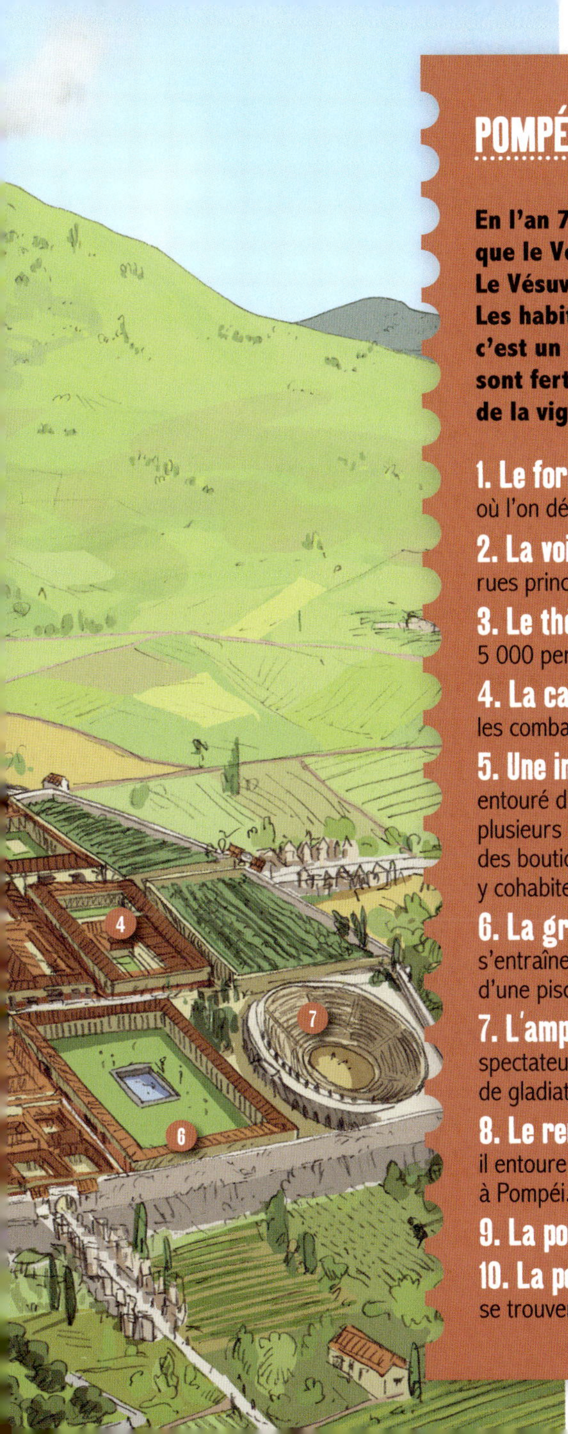


## POMPÉI, AVANT L'ÉRUPTION

**En l'an 79 après J.C., nul ne se doute que le Vésuve va entrer en éruption. Le Vésuve est à 10 km de la ville. Les habitants ignorent alors que c'est un volcan. Les pentes du volcan sont fertiles. On y cultive des céréales, de la vigne, des oliviers.**

**1. Le forum :** c'est la place publique où l'on débat.

**2. La voie de l'Abondance :** l'une des deux rues principales qui traversent Pompéi.

**3. Le théâtre :** il peut accueillir 5 000 personnes.

**4. La caserne des gladiateurs :** les combattants y logent.

**5. Une insula :** c'est un pâté de maisons entouré d'un mur. Chaque insula compte plusieurs maisons avec leurs jardins, des boutiques et des ateliers. Riches et pauvres y cohabitent.

**6. La grande palestre :** les sportifs peuvent s'entraîner et nager dans ce stade pourvu d'une piscine.

**7. L'amphithéâtre :** il contient 20 000 spectateurs. L'arène est réservée aux combats de gladiateurs.

**8. Le rempart :** surmonté de tours de guet, il entoure la ville. Huit portes donnent accès à Pompéi.

**9. La porte du Vésuve.**

**10. La porte Marine :** la mer et le port se trouvent alors à 500 m de la ville.

– On a un nouveau camarade de classe, on dirait. Il est mignon, tu ne trouves pas ?

Marcus fait la moue, l'air de dire : « Ah bon… Tu trouves ? »

Comme d'habitude, Séma leur dicte un texte grec qu'ils doivent ensuite traduire en latin.

Livia observe le nouveau. Elle s'aperçoit qu'au lieu d'écrire, il dessine sur sa tablette*. Elle donne un coup de coude à Marcus :

– Il est fou ! Il va se faire fouetter !

Au même instant, Séma tonne :

– Pulex, tu peux me montrer ce que tu es en train de barbouiller ?

Écarlate, le nouveau se lève et tend sa tablette. Séma l'examine en fronçant les sourcils… et éclate de rire :

– Par Jupiter ! C'est très ressemblant. Tu es doué, mon garçon. Pour la peine, tu me traduiras tout de même cinquante vers de l'*Odyssée* pour demain.

À la fin du cours, les trois enfants font connaissance :

– *Salve*** ! dit Marcus. Tu es nouveau à Pompéi ?

* *Planchette enduite de cire, sur laquelle on écrit avec un stylet.*
** *Salut latin signifiant « Sois en bonne santé ».*

*suite page 10*

# UNE AGRÉABLE CITÉ ROMAINE

## Au bord de la mer

Pompéi est une petite ville du sud de l'Italie, bâtie au pied du Vésuve, au bord de la mer Méditerranée, à environ 200 km de Rome. Les Romains fortunés y font construire des villas pour profiter de son climat agréable et de son calme qui contraste avec l'agitation de Rome.

## Une population nombreuse

La ville s'étend sur une soixantaine d'hectares – l'équivalent de 80 stades de foot. Entre 20 000 à 25 000 personnes y vivent à l'époque de la catastrophe. De nombreux marchands venus de Grèce, d'Espagne et d'Asie transitent par son port.

## Qui vit à Pompéi ?

La classe aisée est composée de propriétaires terriens et de riches commerçants qui possèdent des maisons majestueuses. Ces villas disposent souvent au rez-de-chaussée d'une boutique tenue par des esclaves ou louée à des affranchis. Le reste de la population est composé d'artisans, de petits commerçants et d'esclaves. Quatre personnes sur dix sont des esclaves.

## Une économie prospère

Grâce aux terres fertiles du Vésuve et aux eaux poissonneuses de la Méditerranée, Pompéi est une ville riche. On y cultive du blé, des oliviers, de la vigne ; on y élève des moutons. On y produit un vin réputé dans l'Empire romain : le *falerne*. On y fabrique le *garum*, une sauce épicée à base de poisson salé.

## Artisans et commerçants

Tisserands, teinturiers, cordonniers, bronziers, orfèvres… Les artisans et les commerçants sont nombreux à Pompéi. On a retrouvé les traces de 40 boulangeries et plus de 200 auberges et débits de boissons. La ville vit aussi du commerce de la laine. Les foulons, qui fabriquent les étoffes, et les drapiers, qui les vendent, figurent parmi les citoyens les plus riches.

– Oui, répond Pulex. J'accompagne mon maître, le peintre Dioscuridès, qui décore une maison. Je suis son apprenti, il m'enseigne l'art de la fresque.

– On dirait qu'il n'a plus grand-chose à t'apprendre ! siffle Livia en louchant sur le portrait de Séma.

– Merci ! dit Pulex.

Pulex loge avec son maître rue de la Fortune. En chemin, Marcus lui désigne un bâtiment :

– C'est la *fullonica** de Lucius, mon père.

Un homme est justement en train de se soulager dans une des jarres disposées le long du mur.

– Dans ces jarres, on recueille l'urine pour assouplir les étoffes, explique Marcus. Mélangée à de l'eau, c'est aussi un excellent détachant ! Tu veux voir ?

Sans attendre la réponse, il entraîne ses compagnons à l'intérieur. Il y règne une odeur pestilentielle. Debout dans des cuves, des hommes aux jambes nues piétinent consciencieusement les vêtements. Les trois enfants se bouchent le nez.

– Quelle puanteur ! s'écrie Pulex.

* *Atelier où l'on apprête la laine pour en faire du drap ; on y nettoie aussi les vêtements.*

– Ça ne sent pas la rose, reconnaît Marcus. Mais ça rapporte. Mon père gagne beaucoup d'argent ! Justement, je dois le voir : il m'apprend à faire les comptes. Pulex, tu veux bien raccompagner Livia ?

– Avec plaisir, dit Pulex en jetant un coup d'œil timide à la jeune fille.

Puis il ajoute :

– C'est un honneur de marcher au côté d'une jolie Pompéienne.

## CHAPiTRE 2

# UN RENDEZ-VOUS

Le lendemain, il n'y a pas classe. En se rendant à l'école le matin, Séma a reçu une tuile sur la tête ! Il a dû courir chez le chirurgien faire recoudre sa blessure.

Livia en profite pour accompagner sa mère au forum. Sous les arcades, barbiers et cordonniers ont sorti leurs éventaires. Un marchand de tissu tend aux passantes ses bras recouverts d'un assortiment d'étoffes :

– Admirez cette douceur, mes tourterelles ! Trois sesterces* seulement !

Au retour, Claudia propose à Livia de manger un morceau au *thermopolium*** de Bibulus. Une appétissante odeur de soupe aux pois chiches s'échappe des jarres encastrées dans le comptoir. Par cette chaleur, Livia préfère se contenter d'un morceau de fromage et de quelques olives. Bibulus est un fan de combats de gladiateurs. Pendant qu'il vante à Claudia les mérites

* *Une sesterce vaut quatre as.*

** *Buvette ouverte sur la rue.*

de Barbula, son favori, Livia surprend la conversation de deux paysans, attablés devant un verre de vin.

– Tu exagères ! dit l'un. Ici, les tremblements de terre n'ont rien d'inhabituel.

– C'est vrai, dit l'autre, mais le Vésuve se comporte de façon bizarre ces derniers jours. Je l'ai entendu gronder à plusieurs reprises. Et derrière ma ferme, un ruisseau s'est asséché du jour au lendemain. Rappelle-toi comment ça s'est terminé, la huitième année du règne de Néron* !

Livia ne peut s'empêcher de frissonner. Ses parents lui ont raconté la catastrophe qui a frappé Pompéi dix-sept ans plus tôt. Maisons, temples… des dizaines d'édifices s'étaient écroulés, faisant de nombreux morts.

De retour à la boulangerie, Claudia charge Livia de livrer une corbeille de pains aux figues chez Faustus, le banquier. Ravie de se changer les idées, la fillette ne se fait pas prier.

Faustus habite une belle demeure près de la porte d'Herculanum. En entrant dans le vestibule, Livia reconnaît la mosaïque qui lui faisait si peur, quand elle

** Empereur romain de 54 à 68 après J.C. Un grave tremblement de terre a frappé Pompéi en 62.*

était petite : elle représente un gros chien noir en train d'aboyer. Elle emboîte le pas au gardien et le suit jusqu'à la cuisine, où des esclaves s'affairent aux préparatifs du dîner. La maîtresse de maison l'accueille avec un sourire :

– Merci Livia. Mmhm ! Ces pains sentent délicieusement bon !

En repartant, Livia s'attarde dans l'atrium* pour admirer la statue qui trône au milieu du bassin. Une voix familière l'interpelle :

– Hé ! Livia !

– Pulex ? Qu'est-ce que tu fais là ?

– C'est ici que je travaille avec mon maître. Faustus lui a commandé une fresque pour sa salle à manger. Viens, je vais te montrer !

Prenant Livia par la main, il l'entraîne vers la pièce. Campé devant un mur fraîchement enduit, un homme est en train de peindre un fragment de paysage représentant les bords du Nil. On y reconnaît deux paysans fuyant un crocodile. L'un brandit des bâtons, l'autre grimpe en haut d'un palmier pour échapper au monstre.

** Va voir p. 20-21 l'architecture d'une maison pompéienne.*

*suite page 18*

## L'ART DE VIVRE

### Les mosaïques

Les habitants de Pompéi aiment l'art. Toutes les maisons sont décorées de mosaïques, des morceaux de faïence collés les uns à côté des autres pour former un motif. Sur le sol de l'entrée, elles représentent souvent des animaux ou le mot latin *salve* (« Bonjour »).

### Les fresques

Des fresques ornent les murs des pièces principales des maisons. Elles représentent des dieux, des scènes de la mythologie, des paysages, des animaux, parfois le portrait des maîtres de maison. On ne connaît pas le nom des peintres de Pompéi, car ils n'ont pas signé leurs œuvres.

### Les loisirs

À Pompéi, les loisirs ne manquent pas. Au théâtre, on assiste à des concerts, à des spectacles de mime, de pantomime et à des déclamations de poèmes. Les citoyens raffolent aussi des jeux et des spectacles de gladiateurs. Un spectacle avait lieu à l'amphithéâtre le matin de l'éruption.

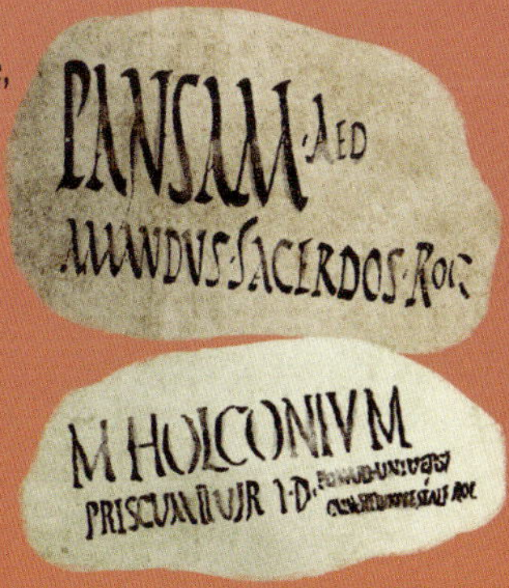


### Les banquets

Les Romains aisés organisent des banquets. Les convives mangent avec les doigts, allongés sur des lits. Les plats sont servis sur les tables basses : viandes rôties, charcuteries, fruits (dattes, poires, cerises, figues). Le vin est servi coupé d'eau. Le repas se poursuit souvent jusque tard dans la nuit, accompagné de chants, de musique et de danses.

### Vive la politique !

La politique passionne les habitants de Pompéi. Lors des élections, des clans se forment derrière tel ou tel candidat. Ils regroupent souvent les membres d'une même profession : boulangers, foulons, etc. Ils paient des peintres pour écrire sur les murs des slogans qui vantent l'honnêteté de leur candidat. On a retrouvé de nombreux graffitis sur les murs.

– Je te présente mon maître, Dioscuridès, lance Pulex. Dioscuridès, je te présente Livia.

– Bonjour demoiselle, répond le peintre avec un sourire malicieux. C'est donc toi la jolie Pompéienne dont mon apprenti me rebat les oreilles ?

À ces mots, Pulex rougit jusqu'aux oreilles. Mais le sourire de Livia le rassure. Il désigne des pots de couleurs posés sur le sol :

– C'est moi qui prépare les couleurs dont mon maître a besoin avec des pigments. Et sur cette fresque, j'ai eu l'honneur de peindre moi-même les nénuphars !

– Alors, c'est vrai, dit Livia. Tu vas devenir peintre ?

– Je l'espère de tout cœur. Mais je dois encore m'entraîner. À ce propos, j'ai une faveur à te demander…

Sur le chemin du retour, Livia a le cœur qui bat la chamade. Pulex lui a proposé de faire son portrait. Elle va poser pour lui ! Elle a hâte d'annoncer la nouvelle à sa mère. Mais dès qu'elle franchit le seuil de la maison, elle comprend que quelque chose cloche. Claudia entasse des vêtements et des bijoux dans une malle, tandis que Proculus, le visage grave, parle avec oncle Lucius.

– C'est entendu, dit Proculus à Lucius. Nous

*suite page 22*

# UNE MAISON ROMAINE

**Les riches propriétaires de Pompéi habitent des demeures luxueuses.**

**1. La porte d'entrée**

**2. Le vestibule** décoré d'une mosaïque.

**3. L'atrium :** le soleil y entre grâce à une ouverture dans le toit. La pluie tombe dans un bassin qui alimente une réserve d'eau.

**4. L'entrepôt :** on y stocke les marchandises.

**5. L'autel :** on y prie les dieux Lares, protecteurs de la maison.

**6. La cuisine** comporte un évier et un foyer, pour faire cuire les aliments.

**7. Les toilettes.** La maison a aussi une petite salle de bains.

**8. Le triclinium :** la salle à manger.

**9. Le péristyle :** ce passage couvert donne sur le jardin.

**10. Le jardin** est décoré de bassins, de fontaines, de buissons taillés et de fleurs odorantes, roses, violettes, laurier rose.

emmènerons Marcus avec nous. Mais rejoignez-nous vite, Pétronia et toi. Pompéi n'est pas sûre.

– Ne t'inquiète pas, répond Lucius, notre maison est solide. Si cela se gâte, nous nous réfugierons à la cave. Je te le répète : je ne peux pas fermer la fullonica du jour au lendemain.

Son oncle parti, Livia questionne son père :

– Que se passe-t-il ?

– Nous avons décidé d'aller passer quelques jours chez grand-père et grand-mère, à Misène. Je ne suis pas tranquille avec ces tremblements de terre. Marcus vient avec nous. Ton oncle et ta tante nous rejoindront plus tard. Nous partirons demain à la première heure.

## CHAPITRE 3

# LA MONTAGNE FUME !

– Claudia, tu n'as rien oublié ?

– Non, Proculus. L'argent est dans le pot, entre les deux malles.

– Alors, nous pouvons partir. Livia et Marcus, montez dans la carriole avec Claudia ! Je guiderai Capito.

Les yeux cernés, Livia s'assied près de sa mère. Elle a mal dormi. Et ne sait que penser. D'un côté, elle se réjouit

de ces vacances improvisées chez ses grands-parents, en compagnie de son cousin. De l'autre, son cœur se serre à l'idée de laisser oncle Lucius, tante Pétronia… et Pulex, son nouvel ami. « Quelle idiote je fais ! pense-t-elle. Je les reverrai bientôt. »

Marcus s'attarde pour embrasser ses parents. Pétronia le serre plus fort que d'habitude :

– Ne t'inquiète pas, mon chéri, nous te rejoindrons d'ici deux ou trois jours.

Lorsque Marcus la rejoint dans la carriole, Livia remarque qu'il a les larmes aux yeux. Elle lui serre la main pour le réconforter. Marcus lui répond par un pâle sourire.

Tirée par Capito, la carriole s'ébranle. Le ciel est bleu, le soleil brille. Dans Pompéi règne l'animation habituelle. Sur un mur, un peintre est en train de tracer à la peinture rouge le slogan d'un candidat aux élections : « Votez Félix, il vous offrira des jeux inoubliables ! »

Les rues défilent, la charrette passe la porte Marine et s'engage sur un chemin caillouteux. Bercée par les cahots, Livia commence à s'assoupir lorsqu'un aboiement la fait bondir sur ses pieds :

– Maman ! Papa ! On a oublié Férox !

Contrarié, Proculus gémit :

– C'est de ma faute, je n'aurais pas dû l'attacher. Mais cet imbécile n'arrêtait pas de courir dans mes jambes.

*suite page 27*

# AOÛT 79 : LE VÉSUVE SE RÉVEILLE

## Les signes du réveil

La semaine précédant l'éruption, des secousses répétées annoncent le réveil du volcan. Le magma s'est accumulé dans sa chambre. Sous la pression de gaz, il cherche à sortir par la cheminée. Mais les habitants ne se méfient pas, car ils ignorent que c'est un volcan : le Vésuve est inactif depuis 1 500 ans.

## L'explosion

Le 24 août 79, vers midi, le sommet du volcan explose. Une colonne de gaz, de cendres et de pierres ponces jaillit du volcan. Poussée par le vent, elle retombe en pluie sur Pompéi et ses environs pendant dix-neuf heures. Les habitants fuient ou s'enferment chez eux. Mais l'accumulation de roches provoque l'effondrement des toits et bloque les issues.

## Une mort atroce

Ceux qui n'ont pas pu fuir meurent écrasés par les bâtiments qui s'écroulent, asphyxiés par les cendres et les gaz toxiques, ensevelis sous les pierres ponces ou brûlés vifs par la nuée ardente. On pense que la plupart des habitants de Pompéi et d'Herculanum, la ville voisine, sont morts lors de l'éruption. Mais on n'a retrouvé que 2 000 corps.

## La nuée ardente

Le lendemain vers 7 h 30 se produit la seconde phase de l'éruption : la colonne s'effondre et une nuée ardente constituée de gaz, de cendres et de roches en fusion glisse le long du volcan comme une avalanche. Cette coulée dont la température atteint des centaines de degrés recouvre la ville. Pompéi est ensevelie sous une couche volcanique de 6 mètres d'épaisseur.

## Le Vésuve aujourd'hui

Le Vésuve a connu une trentaine d'éruptions sans gravité depuis l'an 79. Aujourd'hui, il semble inoffensif, mais il représente une réelle menace pour les centaines de milliers d'habitants de la région de Naples. Les volcanologues le surveillent attentivement.

– Je vais le chercher ! lance Livia en sautant à terre.

– Fais vite, crie Proculus, nous t'attendrons au port.

La carriole a déjà fait un bon bout de chemin, une demi-lieue, peut-être une lieue*. Livia court comme une gazelle. Le temps d'arriver rue de l'Abondance, elle est hors d'haleine. Elle s'apprête à piquer un dernier sprint, lorsqu'une formidable explosion retentit, l'obligeant à plaquer ses mains sur ses oreilles. Levant la tête, elle découvre un spectacle si étrange qu'elle n'en croit pas ses yeux. Le Vésuve, la montagne qu'elle connaît par cœur depuis qu'elle est enfant, le Vésuve fume ! Un panache noir s'échappe de son sommet et monte dans le ciel, si haut qu'il dépasse les nuages. Dans la rue, tout le monde a le nez en l'air. Des cris fusent :

– Regardez ! Regardez le Vésuve !

Fascinée, Livia observe la colonne de fumée. Son sommet s'élargit lentement, prenant la forme d'un pin parasol. Bientôt, elle cache le soleil et une étrange obscurité s'abat sur la ville, tandis qu'une odeur d'œuf pourri envahit l'air. Livia est comme paralysée. Jusqu'à

* *Une lieue romaine équivaut à 2 223 mètres.*

ce qu'elle sente de minuscules projectiles rebondir sur ses bras, ses jambes, et marteler le sol autour d'elle. Machinalement, elle se baisse pour en ramasser. Ce sont des petites pierres grises, légères comme des pois.

Se ressaisissant, Livia s'élance pour franchir les derniers mètres qui la séparent de la boulangerie… Mais elle glisse sur les cailloux gris et s'étale de tout son long.

– Aïe !

Malgré la douleur qui irradie de sa cheville, elle se relève et pénètre en boitant dans l'arrière-cour de la boulangerie. Férox a reconnu son odeur : il tire sur sa laisse en gémissant. Livia s'assied près de lui et l'enlace :

– N'aie pas peur, je suis là.

Sans attendre, elle dénoue la corde du chien, qui la récompense aussitôt d'un vigoureux coup de langue. Puis, avec précaution, elle se tâte la jambe. Sa cheville a enflé, elle est brûlante ! Lorsqu'elle tente de poser le pied sur le sol, la douleur lui arrache un cri. Découragée, elle se laisse tomber près de Férox en soupirant :

– Je ne pourrai jamais rejoindre papa et maman dans cet état. Mon pauvre Férox, qu'allons-nous devenir ?

## CHAPITRE 4

# SAUVE QUI PEUT !

L'obscurité se fait de plus en plus dense. Il n'est même pas midi, et on se croirait en pleine nuit ! En se déplaçant sur les fesses, Livia réussit à atteindre la longue pelle en bois que son père utilise pour enfourner les pains. Elle serre les dents et s'y cramponne pour se lever : avec cette canne improvisée, elle réussira peut-être à marcher ? Soudain, la lueur d'une lanterne apparaît à l'entrée de la cour. Une voix retentit :

– Il y a quelqu'un ?

– Je suis là ! crie Livia.

Ce ne peut être que Pulex. N'avaient-ils pas rendez-vous ce matin ? Le garçon se précipite et glisse sa main sous le bras de Livia pour la soutenir :

– Tu es blessée ?

– Je me suis foulé la cheville.

– Appuie-toi sur moi. N'aie crainte : je suis fort.

Tout en s'accrochant à l'épaule du garçon, Livia lui raconte tout ce qu'il s'est passé depuis la veille.

– Mes parents m'attendent au port, conclut-elle. Tu devrais venir avec nous ! Il ne faut pas rester à Pompéi !

Puis elle grimace :

– Sauf que… je ne sais pas si je pourrai marcher jusque-là.

– Je t'aiderai ! dit Pulex. Je te promets qu'on y arrivera. Mais d'abord, il faut soulager ta cheville.

Empoignant le bas de sa tunique, Pulex déchire une bande de tissu qu'il enroule fermement autour de la cheville de Livia. Puis les enfants sortent dans la rue, clopin-clopant. Pulex tient en laisse Férox, qui marche devant.

Ils ont à peine le temps de faire quelques pas qu'une violente secousse ébranle la ville. Cette fois, la terre tremble si fort que des toits s'affaissent, dans un bruit de tuiles brisées. Des murs se fissurent. Devant eux, un pan de maison s'écroule avec son balcon. « Le paysan avait raison ! pense Livia. Tout Pompéi va s'écrouler ! »

Dans les rues, la secousse a déclenché un mouvement de panique. On crie, on court, on aide des blessés à sortir

des décombres. Des habitants s'enferment dans leurs maisons, criant à ceux qu'ils voient :

– Ne restez pas dehors ! Mettez-vous à l'abri !

D'autres ont placé des coussins sur leur tête. À la va-vite, ils regroupent quelques affaires et s'empressent de fuir la ville, à pied ou à cheval. Certains se dirigent vers le port, d'autres vers la porte de Stabies ou vers celle d'Herculanum. Une pluie de cendres tombe maintenant sur la ville. Une pellicule grise recouvre peu à peu le sol.

Bousculés par des silhouettes qu'ils distinguent à peine, Pulex et Livia progressent péniblement vers la porte Marine. À chaque pas, Livia sent sa bouche s'imprégner d'un goût âcre de cendre. Elle voit une fontaine, tire Pulex dans sa direction :

– J'ai soif, il faut que je boive !

Le garçon se penche vers la fontaine, tend les mains pour lui donner à boire… Mais l'eau ne coule pas. Au fond du bassin, il n'y a qu'une boue liquide qui sent le soufre. Il regarde sombrement Livia :

– Il n'y a plus d'eau !

Cette fois, Livia sent ses forces l'abandonner.

*suite page 34*

# LES DIEUX ROMAINS

**Lorsque les Romains ont conquis la Grèce, ils ont adopté les divinités grecques en leur donnant un nom latin. Voici les principaux dieux romains (entre parenthèses, le dieu grec équivalent) :**

### Jupiter (Zeus)

Roi des dieux, il règne sur le mont Olympe, où séjournent les principaux dieux. Maître du tonnerre, il est représenté la foudre à la main. Il est le père de Mercure, Vulcain, Bacchus, Minerve, Mars et Vénus.

### Junon (Héra)

Sœur et épouse de Jupiter, elle est la déesse des Femmes, protectrice du mariage et de la famille. Ses emblèmes sont le paon et la génisse.

### Vulcain (Héphaïstos)

Dieu du Feu et de la Forge, il tient un marteau et une enclume. Son nom est à l'origine du mot latin *vulcanus*, signifiant « volcan ».

### Mars (Arès)

Dieu de la Guerre. Ses attributs sont la lance, le casque et le bouclier.

### Vénus (Aphrodite)

Déesse de l'Amour et de la Beauté, elle est souvent représentée nue, debout ou couchée sur un coquillage. C'est la déesse protectrice de la ville de Pompéi et la préférée de ses habitants.

### Minerve (Athéna)

Déesse de la Sagesse, de la Guerre et de la Connaissance. Elle protège les activités intellectuelles, les arts et les métiers.

### Apollon (Apollon)

Dieu du Soleil et de la Musique, protecteur des archers. Il est représenté avec un arc, une lyre ou une flûte. Il conduit le char du Soleil.

### Bacchus (Dionysos)

Dieu du Vin et des Plaisirs, il est souvent figuré tenant une grappe de raisin.

### Mercure (Hermès)

Dieu du Commerce et des Voyageurs, il est aussi le messager des dieux. On le représente avec des sandales ailées.

### Neptune (Poséidon)

Dieu de la Mer, il tient un trident et se déplace sur un char tiré par des chevaux.

### Pluton (Hadès)

Dieu des Enfers et du Monde souterrain, il est le frère de Jupiter et de Neptune.

Des larmes lui montent aux yeux.

– Je n'en peux plus, Pulex !

Pulex la dévisage. Livia est blanche comme un linge. Elle semble sur le point de s'évanouir. Alors il lui tend la laisse de Férox et décide :

– Monte sur mon dos, je vais te porter !

Il s'accroupit. Livia s'agrippe à ses épaules. En lui tenant fermement les jambes, Pulex se redresse et se remet en marche en vacillant. Livia plaque un bout de sa tunique sur son nez pour se protéger de l'odeur suffocante. Ils viennent de franchir la porte Marine lorsque Férox bondit en avant et lui échappe.

– Férox ! hurle-t-elle. Reviens !

Désespérée, elle voit le chien s'enfoncer dans l'obscurité… et se jeter sur une silhouette en jappant.

– Férox ! s'écrie la silhouette.

Puis, s'élançant vers les enfants :

– Livia ! C'est toi ?

## CHAPITRE 5

# LA COLÈRE DE VULCAIN

C'est le père de Livia. Fou d'inquiétude, il a laissé Claudia et Marcus au port, pour revenir chercher Livia avec Capito. Sans perdre un instant, il hisse sa fille sur le dos de l'âne :

– Faisons vite ! Les derniers bateaux sont en train de partir.

Le petit convoi s'élance. Férox court devant Capito, il

se retourne fréquemment comme pour encourager ses maîtres. Bientôt, ils arrivent au port. Claudia se précipite à leur rencontre :

– Vite ! Le pêcheur ne veut plus attendre. J'ai dû lui donner tout notre argent pour qu'il accepte de patienter !

Les coffres sont déjà chargés dans une grande barque. Marcus est là, installé au milieu d'autres passagers. Proculus soulève Livia et l'installe aux côtés de Claudia. Pendant que Pulex monte à son tour, le pêcheur se dispute avec un couple affolé. Il hausse le ton :

– Je ne peux pas vous prendre à bord. Il n'y a plus de place ! Le bateau risquerait de chavirer !

Avant d'embarquer, Proculus tend aux deux époux les rênes de Capito :

– Prenez cet âne : avec lui, vous réussirez peut-être à quitter la ville !

Puis il monte à bord. Le pêcheur empoigne les rames et s'éloigne de la jetée. Le bateau prend la mer…

Épuisée, Livia a posé la tête sur l'épaule de sa mère. Tandis que le rivage s'éloigne, elle regarde Pompéi. Reverra-t-elle sa ville ? Et si oui, dans quel état ? Au loin, on ne distingue plus le Vésuve, mais des taches rouges brillent à son sommet, comme s'il y avait des incendies sur la montagne. Des éclairs zèbrent le ciel. On entend la montagne gronder. La mer, si calme d'habitude, est déchaînée. Les cailloux gris vomis par la montagne flottent à sa surface. Livia frissonne, tout en se cramponnant pour ne pas tomber.

*suite page 40*

2
7
5
3
6

## LES VOLCANS DU MONDE

**1. Le Piton de la Fournaise,** sur l'île de la Réunion : c'est le plus actif de la planète avec une éruption tous les 18 mois en moyenne. Ses coulées de lave fluide descendent jusqu'à la mer.

**2. Le Kilauea,** à Hawaï : le plus actif du monde avec le Piton de la Fournaise. Il est en constante éruption depuis 1983. Il est célèbre pour son lac et ses fontaines de lave.

**3. L'Etna,** en Sicile : le plus actif d'Europe. Depuis 1996, il est entré en éruption presque tous les ans. Son panache de fumée peut traverser la Méditerranée et atteindre la Tunisie.

**4. Le Fuji Yama,** au Japon : le plus escaladé du monde. Il reçoit 8 millions de visiteurs chaque année. Son nom signifie « montagne de feu ». Cône parfait, il culmine à 3 776 m d'altitude.

**5. Le Plomb du Cantal,** en Auvergne : le plus grand volcan d'Europe. Il atteint 60 km de diamètre et 1 854 m d'altitude. Il est éteint, mais les hommes préhistoriques l'ont vu en activité.

**6. Le Nevado Ojos del Salado,** au Chili : le plus haut volcan connu avec ses 6 887 m. Il n'a pas connu d'éruption depuis la préhistoire, mais des fumerolles s'élèvent à son sommet.

**7. Le Fuego,** au Guatemala : le plus actif d'Amérique centrale. En septembre 2012, il a émis un gigantesque nuage de cendres et deux coulées de lave de 600 m de long.

**8. Le Tambora,** en Indonésie : le plus meurtrier après des siècles de profond sommeil. Son éruption en 1815 causa la mort de 92 000 personnes.

**9. Le Krakatoa,** en Indonésie : le plus bruyant. Lors de son éruption en 1883, l'explosion fut entendue à près de 5 000 km de distance. Le volcan provoqua un raz de marée.

Soudain, des cris d'horreur s'élèvent du bateau : le Vésuve vient de cracher une nouvelle pluie de projectiles. Cette fois, ce sont de lourdes pierres qui s'abattent sur Pompéi et ses alentours. Quelques-unes tombent non loin de la barque. Les passagers se couvrent la tête avec leurs bras.

Un homme plonge sa main dans l'eau et la retire aussitôt :

– L'eau est chaude ! Ces roches sont brûlantes !

Une femme gémit, apeurée :

– Vulcain* se venge des hommes. Il nous envoie les feux de l'enfer !

Les yeux exorbités, Marcus fixe ce spectacle terrifiant. Il bredouille :

– Papa… Maman…

Puis il se jette dans les bras de Proculus en sanglotant.

– Ils vont mourir ! Ils vont tous mourir !

Proculus le serre contre lui, lui murmure des paroles de réconfort :

– Garde espoir, Marcus. Ils ont dû se mettre à l'abri, ou prendre la fuite eux aussi. Dès que nous serons en lieu sûr, je tâcherai d'avoir des nouvelles. Je te le promets.

* *Va voir page 33.*

Le cœur serré, Livia s'agenouille aux pieds de son cousin et glisse la main dans la sienne. Pulex se joint à elle et pose sa main sur l'épaule de Marcus. Blottis les uns contre les autres, unis par le malheur, ils ressemblent à un groupe de naufragés, au milieu d'une tempête.

Deux semaines ont passé. Livia, Marcus et Pulex sont étendus dans le jardin des grands-parents. Il fait beau, les arbres bourdonnent du chant des cigales. Mais la maison est silencieuse comme un jour de deuil. La tête posée sur le dos de Férox, Livia se remémore les évènements des derniers jours.

Son père s'est rendu à Pompéi. À son retour, encore choqué par ce qu'il y avait vu, il leur a raconté :

– Tout a disparu là-bas ! En deux jours, le Vésuve a craché tant de cendres et de pierres que la ville est entièrement recouverte. C'est comme si elle n'avait jamais existé. Malheureusement, je n'ai pu obtenir aucune nouvelle de Lucius et Pétronia. Je ne sais pas s'ils ont pu fuir. Dioscuridès aussi est introuvable.

Désormais, Proculus et Claudia prennent soin de Marcus

# LA REDÉCOUVERTE DE POMPÉI

## Pompéi oubliée

Après l'éruption de l'an 79, Pompéi tombe dans l'oubli. Elle y restera plus de seize siècles. La végétation repousse sur le sol fertilisé par les débris volcaniques et des fermiers s'y installent. Au début du XVIIIe siècle, en creusant, on découvre des plaques de marbre portant le nom de la ville.

## Les fouilles

La chasse aux trésors commence. Au XIXe siècle, les fouilles sont menées de façon scientifique. Les archéologues déblaient les tonnes de terre et de cendres qui recouvrent la cité. Peu à peu, ils dégagent des rues, des immeubles et de splendides maisons dont les mosaïques et les fresques sont intactes. La lave les a parfaitement conservées.

## Des témoignages précieux

Les archéologues trouvent des miches de pain carbonisées, des figues, des œufs, des bijoux, de la vaisselle, des ustensiles de cuisine, des outils, des fourneaux de terre cuite, des meules de boulangers… Ces objets permettent de comprendre la vie des Romains du Ier siècle.

## Figés dans la mort

À Pompéi, on peut voir des moulages d'habitants et même d'animaux dans l'attitude qu'ils avaient au moment de leur mort. Recouverts de cendres durcies, leurs corps se sont décomposés au fil du temps, laissant une cavité. Un archéologue a eu l'idée d'y injecter du plâtre, pour reconstituer les corps. Ces moulages sont très émouvants.

## Des portraits et des noms

Comme dans une enquête policière, le travail des archéologues a permis d'identifier des habitants de Pompéi. Le boulanger Proculus et sa femme ont fait réaliser leur portrait en mosaïque ; le foulon Stephanus tenait une blanchisserie ; les frères Vettii possédaient une des plus belles maisons de la ville…

et Pulex comme s'ils étaient leurs propres fils. Marcus a beaucoup pleuré. Peu à peu, il se fait à l'idée qu'il ne reverra sans doute jamais ses parents. Pulex songe à se trouver un nouveau maître. Proculus compte ouvrir une boulangerie à Misène. Il repartira de zéro. Heureusement, la maison de grand-père et grand-mère est assez vaste pour eux tous.

Pulex agite un pissenlit sous le nez de Livia :

– À quoi penses-tu ?

Livia sourit :

– Je pense que j'ai deux frères, maintenant. Et que c'est merveilleux d'être en vie.

# DANS LA MÊME COLLECTiON

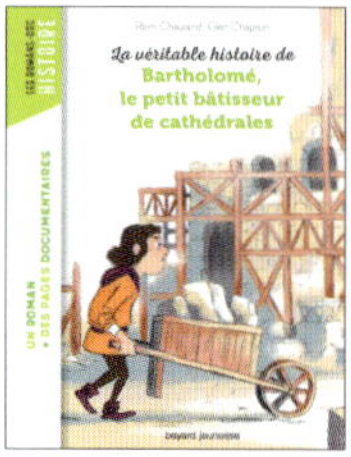


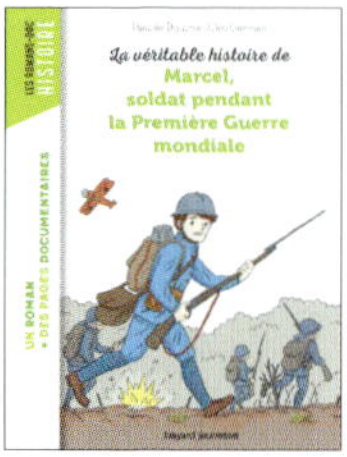

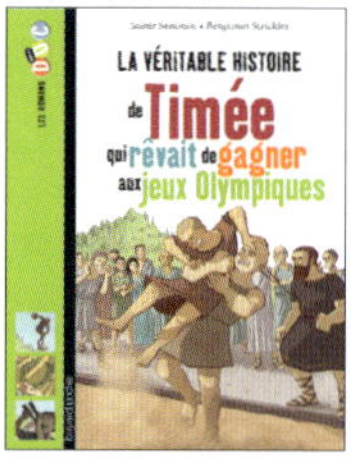

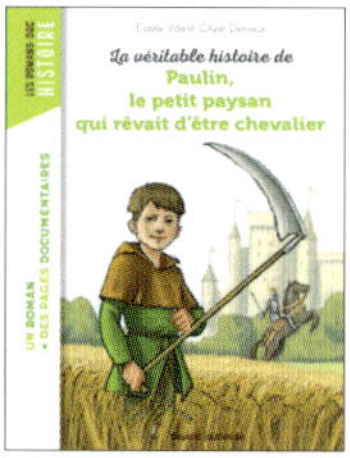

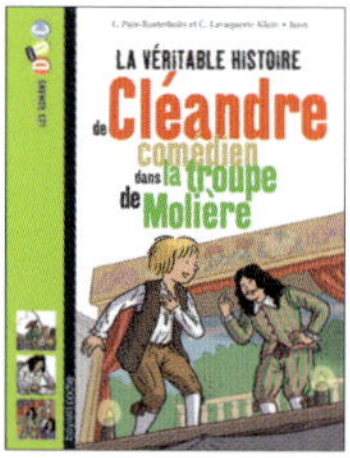

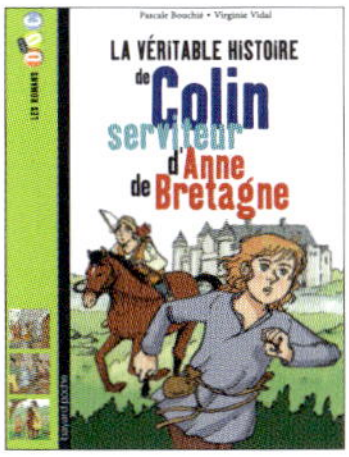
LES ROMANS DOC
LA VÉRITABLE HISTOIRE de Colin serviteur d'Anne de Bretagne

LES ROMANS-DOC HISTOIRE
UN ROMAN + DES PAGES DOCUMENTAIRES
La véritable histoire de Artur, petit immigrant à New York

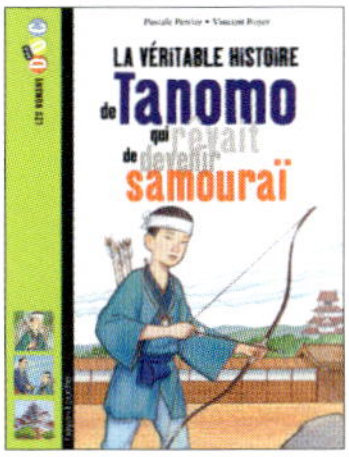
LES ROMANS DOC
LA VÉRITABLE HISTOIRE de Tanomo qui rêvait de devenir samouraï

LES ROMANS-DOC HISTOIRE
UN ROMAN + DES PAGES DOCUMENTAIRES
La véritable histoire Angela, qui manifesta au côté de Martin Luther King

LES ROMANS-DOC HISTOIRE
UN ROMAN + DES PAGES DOCUMENTAIRES
La véritable histoire de Carantos, le jeune Gaulois qui survécut à Alésia

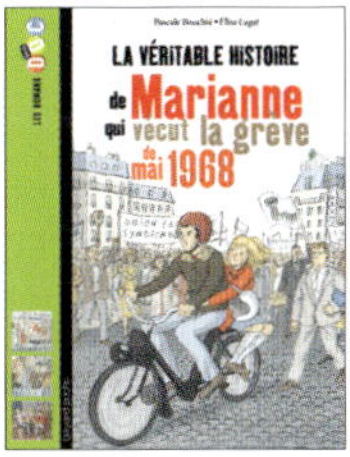
LES ROMANS DOC
LA VÉRITABLE HISTOIRE de Marianne qui vécut la grève de mai 1968

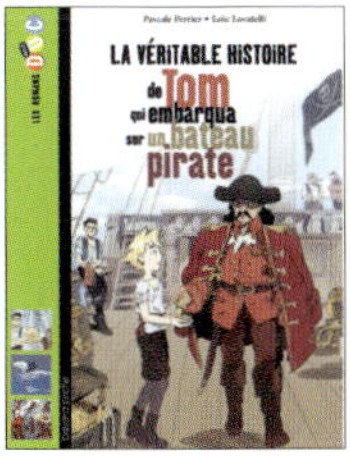
LES ROMANS DOC
LA VÉRITABLE HISTOIRE de Tom qui embarqua sur un bateau pirate

LES ROMANS-DOC HISTOIRE
UN ROMAN + DES PAGES DOCUMENTAIRES
La véritable histoire de Bao-De jeune chinois sur la route de la soie

LES ROMANS-DOC HISTOIRE
UN ROMAN + DES PAGES DOCUMENTAIRES
La véritable histoire de Jean-Corentin Carré, jeune soldat de la guerre 14-18

LES ROMANS-DOC HISTOIRE
UN ROMAN + DES PAGES DOCUMENTAIRES
La véritable histoire de Pauline, petite paysanne à l'école de Jules Ferry